AF509333

CATALOGUE

DES

LIVRES DE LA BIBLIOTHÉQUE

DE FEU M. LE CHEVALIER J.-B. DE LAMARCK,

Membre de la Légion-d'Honneur, de l'Académie Royale des Sciences, Institut de France, etc., etc., etc., Professeur-Administrateur au Muséum d'Histoire naturelle;

Dont la vente se fera le lundi 19 avril 1830, et jours suivans, à midi précis, en son domicile, au Jardin du Roi, rue du Jardin-du-Roi.

———◆———

SE DISTRIBUE, A PARIS,

Chez MM.
BARROIS L'AÎNÉ, libraire, rue des Beaux-Arts, n. 15;
BENOU, Commissaire-Priseur, rue Taranne, n. 11.

1830.

CONDITIONS DE LA VENTE:

On pourra voir et collationner les livres tous les jours, avant la vente.

Les acquéreurs collationneront les livres avant de les emporter, parce qu'une fois sortis de la salle de vente, ils ne pourront être rendus sous aucun prétexte. Les livres ne seront repris que pour lacunes ou feuilles manquantes.

Si, après l'adjudication, un N°. est réclamé par deux adjudicataires, les enchères seront continuées.

M. Barrois l'aîné se chargera des commissions des personnes qui ne pourront suivre la vente.

PARIS. — IMPRIMERIE ET FONDERIE DE FAIN,
RUE RACINE, N° 4, PLACE DE L'ODÉON.

ORDRE DES VACATIONS.

Ire. VACATION, *lundi* 19 *avril* 1830.

N°s. 2 à 20.
122 à 134.
181 à 233.
678 à 697.
493 à 522.

2e. VACATION, *mardi* 20 *avril*.

N°s. 639 à 650.
21 à 41.
135 à 143.
234 à 290.
523 à 550.
659 à 677.

3e. VACATION, *mercredi* 21 *avril*.

N°s. 651 à 658.
42 à 62.
144 à 156.
698 à 707.
551 à 570.
291 à 344.

4e. VACATION, *jeudi* 22 *avril* 1830.

N°s. 63 à 83.
723 à 730.
157 à 170.
345 à 393.
571 à 597.
1.

5e. VACATION, *vendredi* 23 *avril*.

N°s. 84 à 106.
394 à 444.
171 à 180.
598 à 620.
708 à 722.

6e. VACATION, *samedi* 24 *avril*.

N°s. 107 à 121.
731 à 739.
445 à 492.
621 à 638.
Les livres en feuilles.

les articles omis.

ARTICLES OMIS,

*Qui seront vendus dans la vacation du samedi 24 avril,
à la suite du Catalogue et avant les livres en feuilles.*

740. Annales de chimie et de physique, par MM. Gay-Lus-
sac et Arago. *Paris*, 1816. 42 vol in-8. en cahiers.
Manque septembre 1829.

741. Faunæ insectorum Germanicæ initia.— Deutschlands in-
secten herausgegeben von Panzer. *Nurenberg*, in-12 *obl.
fig. color.* 109 cahiers : *manquent les* n°s. 63, 64, 65.

742. Mineral conchology of Great - Britain, by Sowerby.
London, 1812, in-8. *fig. color.*
Les n°s. 1 à 46 inclusivement.

743. Annales du Muséum d'Histoire naturelle. *Paris*, 1802,
20 vol. in-4. *v.*

744. Mémoires du Muséum d'Histoire naturelle, par les pro-
fesseurs de cet établissement. *Paris*, 1815, 18 vol. in-4., et
le premier cahier pour 1830. *pap. vélin.*
Les tomes 1 et 2 sont reliés en veau ; les autres volumes
sont en cahiers.

745. Un autre exemplaire, *papier ordinaire.*
Manquent les tomes 1 *et* 2, *et le tom.* 5, *part.* 2e.

746. Une caisse en acajou, contenant une collection d'échan-
tillons de minéraux au nombre de 327, d'après le catalogue
manuscrit, avec les outils, instrumens et flacons nécessaires
pour les opération s.

Le n°. 527. Planches pour les oiseaux de Buffon ; contient plu-
sieurs dessins originaux inédits.

CATALOGUE

DES

LIVRES DE LA BIBLIOTHÉQUE

DE FEU M. DE LAMARCK.

SCIENCES ET ARTS.

1. Encyclopédie méthodique. *Paris*, 1782-1829, 101 livraisons, dont 119 vol. dem.-rel., in-4.
   On trouve des notes de M. de Lamarck sur plusieurs volumes d'histoire naturelle.
2. Eudoxe : Entretiens sur les sciences, par Deleuze. *Paris*, 1810. 2 vol. in-8.
3. Cours de philosophie générale, par Azaïs. *Paris*, 1824. 8 vol. in-8. *br.*
4. Système analytique des connaissances positives de l'homme, par Lamarck. *Paris*, 1820. in-8. *br.*
5. Condillac : Origine des connaissances humaines. 1788. 2 vol. — Logique, in-12.
6. Traité des sensations, par Condillac. *Paris*, 1788. 2 tom. en 1 vol. in-12.
7. Rapports du physique et du moral de l'homme, par Cabanis. *Paris*, 1805. 2 vol. in-8. *d. r.*
8. Des dispositions innées de l'âme et de l'esprit, par Gall et Spurzheim. *Paris*, 1811. in-8. *b.*
9. Lois de l'organisme vivant, par Rouen. *Paris*, 1829. 2 vol. in-8. *b.*
10. Philosophie du Ruvarebohni, (par Sponville) et Bugnet. 2 vol. in-12. *d. r.*
11. Caractères de Théophraste et La Bruyère. *Paris*, 1740. 2 vol. in-12.

12. Traité de physique, par Haüy. *Paris*, 1803. 2 vol. in-8.

13. Traité élémentaire de physique, par Haüy. *Paris*, 1806. 2 vol. in-8. *c.*

14. Un second exemplaire, relié.

15. Dictionnaire de physique, par Paulian. *Avignon*, 1761. 3 vol. in-4.

16. Lettres d'Euler à une princesse d'Allemagne. *Paris*, 1787. 3 vol. in-8. *b.*

17. OEuvres de Francklin, trad. par Barbeu Dubourg. *Paris*, 1773. 2 vol. in-4.

18. Recherches sur les causes des faits physiques, par Lamarck. *Paris*, an II. 2 tom. en 1 vol. in-8. *d. r.*

19. Réfutation de la théorie pneumatique, par Lamarck. *Paris*, an IV. in-8.

20. Réfutation de la théorie pneumatique, par Lamarck. *Paris*. — Mémoires présentant les bases d'une nouvelle théorie physique et chimique, par le même. 1797. in-8. *d. r.*
Avec notes et additions autographes de M. Lamarck.

21. Des élémens, par Pott. *Lausanne*, 1782. 2 vol. in-8.

21 *bis*. Essai sur la théorie des trois élémens, par Tissier. *Lyon*, 1804. in-8. *b.*

22. Du feu, par Reynier. 1787. — Théorie de l'électricité et du magnétisme, par Haüy. 1787. in-8. *d. r.*

23. Recherches physico-mécaniques sur la chaleur, par Prevost. *Genève*, 1792. in-8. *d. r.*

24. Théorie du feu, par Mangin. *Paris*, 1800. in-8. *d. r.*

25. Essai sur le calorique, par Socquet. *Paris*, 1801. in-8. *d. r.*

26. Traité des couleurs et des corps inflammables, par Opoix. *Paris*, 1808. in-8. *d. r.*

27. Description des atomes, par de Monville. *Paris*, 1813. 2 vol. in-8. *b.*

28. Cotte : Traité de météorologie. 1774. — Mémoires sur la météorologie. 1788. 2 vol. in-4.

29. Idées sur la météorologie, par Deluc. *Paris*, 1787. 2 tom. en 1 vol. in-8.

30. Recherches sur les modifications de l'atmosphère, par Deluc. *Genève*, 1772. 2 vol. in-4. *d. r.*

31. Le même. *Paris*, 1784. 4 vol. in-8.

32. De l'influence de la lune sur l'atmosphère terrestre, et autres pièces, par Lamarck. in-4. *d. r.*

33. Essai météorologique sur l'influence des astres, etc., par Toaldo. *Chambéry*, 1784. in-4. *b*.

34. Collection des annuaires météorologiques, par Lamarck. *Paris*, an VIII — 1810. 11 vol. in-12. et in-8.

35. Description d'un nouveau baromètre portatif, par Vassali-Eandi. *Turin*, an XII. in-4. *d. r.*

36. Essais sur l'hygrométrie, par Saussure. *Neufchâtel*, 1783. in-8.

37. Hydrogéologie, par Lamarck. *Paris*, an X. in-8. *d. r.*

38. Histoire de l'électricité, par Priestley. *Paris*, 1771. 3 vol. in-12.

39. Lois du magnétisme, par Lemonnier. *Paris*, 1776. 2 vol. in-8.

40. Essai sur le galvanisme, par Aldini. *Paris*, 1804. in-4. *d. r.*

41. Compte rendu à l'Institut sur le galvanisme, et autres pièces, par Rossi, Vassali. in-4. *d. r.*

42. Dictionnaire de chimie, *Paris*. 1766. 3 vol. — Essai sur le phlogistique, par Kirwan. 1788. in-8. *d. r.*

43. Dictionnaire de chimie, par Macquer. *Neufchâtel*, 1789. 5 vol. in-8.

44. Baumé : Chimie, 1773, 3 vol. — Opuscules chimiques, in-8.

45. Élémens d'histoire naturelle et de chimie, par Fourcroy. *Paris*, 1791, 5 vol. in-8.

46. Traité de chimie, par Lavoisier, *Paris*, 1793. 2 vol. in-8.

47. Elémens de chimie, par Chaptal. *Paris*, an III. 3 vol. in-8. *v.*

48. Philosophie chimique, par Fourcroy. *Paris*, 1806. in 8.

49. Tableaux de chimie, par Fourcroy. *Paris*, 1808, in-fol. *c.*

50. Lavoisier : Mémoires de chimie, 2 vol. — Opuscules physiques et chimiques. — Nomenclature chimique. 1787, in-8. *d. r.*

51. Lettres du D. Demeste sur la chimie, 1779. 2 vol. in-12. — Tableau des combinaisons, etc., par Brongniart, 1778. in-8.

52. Analyse chimique, par Sage. *Paris*, 1786, 3 vol. in-8. *b.*

53. Traité des affinités chimiques, par Bergmann. *Paris*, 1788. in-8. *b.*

54. Traité chimique de l'air et du feu, par Schéele. *Paris*, 1787. 2 vol. in-12. *d. r.*

55. Traité de l'élasticité de l'eau, par Zimmermann. *Amsterdam*, 1780. in-8.

56. Recherches de J. Rey sur l'étain et le plomb. *Paris*, 1777. in-8.

57. Mémoires sur différentes parties des sciences et arts, par Guettart. *Paris*, 1768. 3 vol. in-4.

58. Museo di fisica e di sperienza, di P. Boccone. *Venet.*, 1677, in-4. *v.*

59. Mémoires physico-chimiques, par Senebier. *Genève*, 1782. 3 vol. in-8. *d. r.*

60. Mémoires de physique et d'histoire naturelle, par Lamarck. *Paris*, 1797, in-8. *d. r.*

61. Journal de physique, de chimie, d'histoire naturelle et des arts, par de Lametherie. In-4. Nivôse an IX à frimaire an XIII. Les années X et XI en 4 vol. dem.-rel., le surplus en cahiers : *manque fructidor* an XII.

62. Der naturforscher. *Halle*, 1774. in-8. Les tom. 3. 4. 5. 7. 8. 12. 14. 16. 18. 21.

63. Dictionnaire de médecine, de chirurgie. *Paris*, 1772. 6 vol. in-8. *b.*

64. Dictionnaire de la conservation de l'homme, par Macquart. *Paris*, an VII. 2 vol. in-8. *b.*

65. Dictionnaire des pronostics. *Paris*, 1770. in-12.

66. Dictionnaire du Diagnostic, par Heliau. *Paris*, 1771. in 4.

67. OEuvres d'Hippocrate. trad. en français. *Paris*, 1697. 2 vol in-12. *v. f.*

68. Médecine pratique de Sydenham. *Paris*, 1774. — Dictionnaire de santé. 1761. 3 vol. — de médecine, par Lavoisien, 1764. in-8.

69. Institutions de médecine, par Boerhaave. *Paris*, 1743. 8 vol. in-12.

70. Nosologie méthodique, par Sauvages. *Lyon*, 1772. 10 vol. in-12.

71. Lieutaud : Médecine pratique. 1769. 2 vol.— Matière médicale. 1770. 2 vol. in-8.

72. Traité des Maladies qu'il est dangereux de guérir, par Raymond. *Paris*, 1808. in-8. *d. r.*

73. Traité des Maladies vermineuses, par Brera. *Paris*, 1804. in-8. *d. r.*

74. Chabert : Traité des Maladies vermineuses des animaux. *Paris*, 1787, et autres ouvrages. in-8°. *d. r.*

75. Essai sur la Rage, par Lalouette. *Paris*, 1812. in-8. *b.*

76. Histoire des Maladies de Saint-Domingue, par Pouppée Desportes. 3 vol. in-12. *manque le tit. du tom.* 1.

77. Bichat : Anatomie générale. 1801. 4 vol. —Recherches sur la vie et la mort. an VIII. in-8.

78. Elémens de Physiologie, par Richerand. *Paris*, 1804. 2 vol. in-8.

79. Principes de Physiologie, par Dumas. *Paris*, 1806. 4 vol. in-8.

80. Philosophie physiologique, politique et morale, par Girou de Buzareingues. *Paris*. 1828. in-8. *br.*

81. Geoffroy Saint-Hilaire : Philosophie anatomique. *Paris*, 1818-1822. 2 vol. in-8 *b. et atlas.*

82. Cours d'opérations de chirurgie, par Dionis. *Paris*, 1765. 2 vol. in-8.

83. Expériences sur le principe de la vie, par Legallois. *Paris*, 1812. in-8. *d. r.*

84. De la Génération, par Girou de Buzareingues. *Paris*, 1828. in-8. *b.*

85. Expériences sur la génération des animaux, par Spallanzani. *Genève*, 1772. in-8.

86. Recherches sur le système nerveux, par **Gall** et Spurzheim. *Paris*, 1809. in-4. *b.*

87. Mécanique des mouvemens de l'homme et des animaux, par Barthez, *Carcassonne*, 1798. in-4. *d. r.*

88. Erreurs populaires, par Richerand. 1810. in-8.

89. Recueil de Mémoires et observations de Médecine, par Desessarts. *Paris*, 1811. in-8. *d. r.*

90. Mémoires et observations sur l'anatomie, par Tenon. *Paris*, 1806. in-8. *d. r.*

91. Journal de médecine-pratique. *Paris*, 1808. —Thèses soutenues à l'Ecole de médecine, et divers Discours. in-4. *d. r.*

92. Pharmacopée universelle, par Lemery. *Paris*, 1763. in-4.

93. Elémens de pharmacie, par M. Baumé. *Paris*, 1769. in-8.

94. Traité de la matière médicale, par Geoffroy. *Paris*, 1757. 16 vol. in-12.

95. Quinto libro degli elementi d'Euclide. *Firenza*, 1674. in-4.

96. Monge : Application de l'analyse à la géométrie. 1809. —Géométrie descriptive. an VII. in-4. *b.*

97. Géométrie de Position, par Carnot. *Paris*, 1803. in-4.

98. Carnot : Principes du mouvement et de l'équilibre. 1803. — Métaphysique du calcul infinitésimal. 1813. in 8.

99. Traité du mouvement des eaux, par Mariotte. *Paris*, 1718. in-12.

100. Analyse et tableaux de l'influence de la petite-vérole, par Duvillars. *Paris*, 1806. in-4. *b.*

101. Journal de l'école polytechnique. *Paris*, an VII, les cah. 1 à 5 et 11, 3 vol. *d. r.* — d° tom. VIII. — Essai sur la composition des machines, 1808. in-4.

102. Exposition du système du monde, par Laplace, *Paris*, an IV, 2 vol. in-8. *d. r.*

103. Astronomie, par Lalande. *Paris*, 1771, 4 vol. in-4.

104. Tabulæ astronomicæ, aut. Lahire, *Paris*, 1727, in-4.

105. Keppleri Admonitio ad astronomos, *Francof.*, 1630, et *autres pièces dans le même volume.*

106. Mémoire sur les observations astronomiques, par Van Swinden, *Amst.* 1780, in-8. *d. r.*

107. A. Picolhominei sphæra, 1568. — C. Dasypodii Heron mechanicus, 1580, in-4.

108. Essai sur les réfractions dans la zone torride, par Humboldt. *Paris*, 1808, in-4.

109. Connaissance des temps, 1774, 1775, 1777, 1782 — 1794, an VII — XV, 1808 — 1819. 37 vol. in-8. *b.*

110. Ephemeridas astronomicas, *Coimbra*, 1804, in-4. *b.*

111. Mémoire sur la marine et les ponts et chaussées, par C. Dupin. *Paris*, 1818, in-8. *b.*

112. Traité de la construction des vaisseaux, par Chapmann, 1779. — Art de la voilure, par Romme, in-fol. *d. r.*

113. Traité d'art militaire et de fortification, par Gay-Vernon, *Paris*, 1805, 2 vol. in-4 *b.*

114. Défense des places fortes, par Carnot, *Paris*, 1810, in-8. *d. r.*

115. Défense des places fortes, par Carnot, *Paris*, 1812, in-4. *c.*

116. Traité de la peinture, par L. Vinci, *Paris*, 1803, in-8. *d. r.*

117. Demonstratio et constructio horologiorum novorum, aut. Schoenbergero, *Friburgi*, 1622. — Orologi riflessi, da Taliani, *Macerata*, 1648. in-4.

118. Arts et métiers : Etoffes de laine. — Etoffes de soie. — Velours de coton. — Maçon. 2 vol. in-fol. *d. r.*

119. Manuel du fileur-cordier, par Gavoty. *Paris*, 1810, in-8. *b.*

120. Art de faire le vin, par Chaptal, *Paris*, 1807. — Observations, par Ch. Cossigny, in-8.

121. Parmentier : Art de fabriquer les sirops et les conserves de rai-

sin. 1810. — Aperçu des résultats de la fabrication des sirops de raisin. 1812. in-8.

HISTOIRE NATURELLE.

122. Gazophylacium rerum naturalium è regno vegetabili, animali et minerali, curâ Bexleri. *Lipsiæ*, 1716. in-fol.

123. Dictionnaire d'histoire naturelle, par Valmont de Bomare. *Paris*, 1769. 6 vol. in-8.

124. Dictionnaire d'histoire naturelle, par Valmont de Bomare. *Lyon*, 1800. 15 vol. in-8. *d. r.*

125. Dictionnaire d'histoire naturelle, par Favart d'Herbigny. *Paris*, 1775. 3 vol. in-8.

126. Dictionnaire des sciences naturelles, par les professeurs du Jardin du Roi. *Paris*, 1816. 34 vol. in-8. *b.* fig. en noir.
Texte, manquent les vol. 13 à 17. *Planches.* Manquent les numéros 10 à 14.

127. Tableau élémentaire de l'histoire naturelle, par Cuvier. *Paris*, an VI. in-8.

128. Tableaux méthodiques d'histoire naturelle. in-8. fig. *d. r.*
Extrait du nouveau Dictionnaire d'histoire naturelle.

129. Naturalis historia, per Lonicerum. *Francof.*, 1551. in-fol.

130. Spectacle de la nature, par Pluche. *Paris*, 1732. 9 vol. in-12.

131. Linnée : Systema naturæ. *Vindob.* 4 vol. in-8.

132. Linnée : Systema naturæ, cur. Gmelin. *Lipsiæ*, 1788. 5 vol. in 8. *d. r.*

133. Linnée : Systema naturæ, cur. Gmelin. *Lipsiæ*, 1791, 2 vol. in-8. *d. r.*

134. Système de la nature de Linnée. *Brux.*, 1793. in-8.

135. Histoire naturelle du ciel, de l'air et de la terre, par Philibert. *Paris*, 1801. in-8. *d. r.*

136. Traité élémentaire d'histoire naturelle, par C. Duméril. *Paris*, 1804. 2 vol. — Zoologie analytique. 1806. in-8. *d. r.*

137. Elémens des sciences naturelles, par Duméril. *Paris*, 1825. 2 vol. in-8. *b.*

138. Petiveri opera historiam naturalem spectantia. *Lond.*, 1767. 2 vol. in-fol.

139. Théorie de la terre, par Delamétherie. *Paris*, 1797. 5 vol. in-8. *b.*

140. **Nouveaux** principes de géologie, par Bertrand. *Paris*, 1797, in-8. *b.*

141. Essai de géologie, par Faujas de St.-Fond. *Paris*, 1803. 3 vol. in-8. *c.*

142. Résumé d'un cours de géographie physique, par Lamouroux. *Caen*, 1821. in-8. *b.*

143. Aperçu géognostique des terrains, par Bonnard. *Paris*, 1819. *b.*

144. Minéralogie, par Valmont de Bomare, 1762. 2 vol. in-8.

145. Principia mineralogiæ, aut. Scopoli. *Pragæ*, 1772, in-8.

146. Lettres sur la minéralogie, par Ferber. *Strasb.*, 1776. in-8. *d. r.*

147. Traité de minéralogie, par Hauy. *Paris*, 1801. 4 vol. in-8.

148. Traité de minéralogie, par Haüy. *Paris*, 1822. 4 vol. in-8. et atlas. *b.*

149. Manuel du minéralogiste, par Mongez. *Paris*, 1792. in-8. *d. r.*

150. Manuel du minéralogiste, par Brard. *Paris*, 1805. in-12. *d. r.*

151. Tableau méthodique des espèces minérales, par Lucas. *Paris*, 1806. 2 vol. in-8. *b.*

152. Un second exemplaire. 2 vol. in-8. *pap. vélin.*

153. Mémoire sur l'action du feu dans les volcans, par Fleuriau de Bellevue. in-4. *b.*

154. Observations sur les volcans de l'Auvergne, par Lacoste. *Clermont*, an XI. in-8. *b.*

155. Essai sur la géographie minéralogique des environs de Paris, par Cuvier et Brongniart. *Paris*, 1811. in-4. *d. r.*

156. Minéralogie de Provins, par Opoix. *Paris*, 1803. 2 vol. in-12. *d. r.*

157. Histoire naturelle de la montagne de Saint-Pierre, par Faujas de St.-Fond. *Paris*, an VII. in-4.

158. Volkmanns : Silesia subterranea oder Schlesien mit seinen unterirrdischen schaetzens. *Leipzig*, 1720. in-4. *d. r.*

159. Journal des mines. *Paris*, an III-X. in-8. 168 numéros. Manquent les numéros 17, 18, 29, 43, 69, 129.

160. Mercati metallotheca Vaticana, cum appendice. *Romæ*, 1719. in-fol.

161. De gemmis, aut. Rueo, 1565. — Gesner, de fossilium, lapidum et gemmarum figuris. 1565. in-8.

162. Traité des pierres précieuses, par Brard. *Paris*, 1808. 2 vol. in-8. *b.*

163. Traité des caractères physiques des pierres précieuses, par Hauy. *Paris*, 1817, in-8. *b.*

164. Prodromus crystallographiæ, aut. Cappeller. *Lucernæ*, 1723. in-4. *d. r.*

165. Cristallographie, par Romé de l'Isle. *Paris*, 1783, 4 vol. in-4. *grand papier, c.*

166. Description de plusieurs espèces d'orthocératites, par Lapeyrouse. *Erlang*, 1781, in fol. *b.*

167. Recueil de traités sur l'histoire naturelle de la terre et des fossiles, par Bertrand. *Avignon*, 1766. in-4.

168. Dictionnaire universel des fossiles, par Bertrand. *La Haye.* 1763. 2 tom. en 1 vol. in-8. *d. r.*

169. Enumerationis fossilium tentamina, aut. Dargenville. *Paris*, 1751. in-8. *b.*

170. Traité des pétrifications, par Bourguet. *Paris*, 1778. in-8.

171. Saggio orittografico, dal Soldani. *Siena*, 1780. in-4. *b.*

172. Recherches sur les ossemens fossiles, par Cuvier. *Paris*, 1812, 4 vol. in-4. *d. r.*

173. De corporibus marinis lapidescentibus, aut. Scilla. *Romæ*, 1759. in-4. *d. r.*

174. Mémoire sur les fossiles des environs de Paris, par Lamarck. in-4. *papier vélin.*

175. Mémoire sur les fossiles des environs de Paris, par Lamarck, in-4. *b.*
7 Exemplaires.

176. Klein : Specimen descriptionis petrefactorum Gedanensium. *Nurnberg*, 1770. in-fol.

177. Historia lapidum figuratorum Helvetiæ, aut. Langio. *Venet.*, 1708. in-4.

178. Breynius de melonibus petrefactis montis Carmel, 1722. — de polythalamiis, 1732. in-4. *c.*

179. Fossilia Hantoniensia collecta a Brander. *Lond.*, 1766. in-4. *b.*

180. Naturgeschichte der Versteinerungen zur erlauterung der Knorrischen sammlung von merkwurdigkeiten der natur, von Walch. *Nurnberg*, 1773. 3 tom. en 4 vol. in-fol. fig. coloriées.

BOTANIQUE.

181. Elenchus vegetabilium et animalium, aut. Kramer. *Viennæ*, 1756. in-8.

182. Introduction à la botanique, par Lamarck. 2 vol. in-18. *d. r.* Extrait du Buffon, publié par Castel.

182 *bis*. Dictionnaire de botanique, par Bulliard. *Paris*, an VII. in-8. *d. r.*

183. Tableau des systèmes de botanique, par Fontenille. *Lyon*, 1798, in-8. *pap. fort.*

184. Tableau de concordance des genres d'un pinax des plantes européennes, par M. Fontenille. *Lyon.* in-8. *b.*

185. Index nominum plantarum universalis, aut. Montzelio. *Berol.* 1682. in-fol.

186. Nomenclator botanicus, cur. Raeuschel. *Lipsiæ*, 1797. in-8. *c.*

187. Bauhini prodromus theatri botanici. *Basileæ*, 1671. in-4.

188. Bauhini theatrum botanicum. *Basil.* 1658. in-fol.

189. Bauhini pinax theatri botanici. *Basil.* 1671. in-4.

190. A. Muntingii phytographia curiosa. *Lugd. Bat.* 1702. in-fol.

191. Botanographia a nominum barbarismis restituta, aut. Commelin. *Lugd. Bat.* 1718. in-fol.

192. Botanosophiæ verioris sciagraphia, aut. Siegesbeck. *Petrop.* 1737. in-4. *b.*

193. Raii methodus plantarum. *Londini*, 1703. in-8. *b.*

194. Tournefort : Institutiones rei herbariæ. *Paris*, 1719. 3 vol in-4.

195. Planches gravées pour *institutiones rei herbariæ*, aut. Tournefort. in-4. *b.*

196. Commelin : Præludia botanica. *Lugd. Bat.*, 1703. in-4.

197. Methodus plantarum genuina, a Knaut. *Lipsiæ*, 1716. in-8. *d. r.*

198. Novus character plantarum, aut. Magnol. *Monsp.* 1720 in-4.

199. Linnæi philosophia botanica. *Viennæ*, 1763. in-8.

200. Philosophie botanique de Linnée, trad. par Quesné. *Paris*, 1788. in-8. *d. r.*

201. Linnée : Systema plantarum, cur. Reichard. *Francof.*, 1779. 4 vol. in-8.

202. Linnée : Supplementum plantarum Systematis vegetabilium. *Brunsv.* 1781. in-8. *d. r.*

203. Linnée : Genera plantarum. *Holmiæ*, 1764. in-8.

204. Linnée : Genera plantarum, cur. Schreber. *Francof.* 1789. 2. vol. in-8. *d. r.*

205. Linnée : Genera plantarum. *Vindob.*, 1791. 2 vol. in-8. *b.*

206. Linnæi species plantarum. *Vindob.* 1764. 2 vol. in-8.

207. C. A. Linnée : Species plantarum, cur. Wildenow. *Berolini.*, 1797. 10 vol. in-8. *d. r.*

208. Linnée : Mantissa plantarum. *Holmiæ.*, 1767. in-8.

209. Linnée : Systema vegetabilium, cur. Murray, *Gottin.*, 1784. in-8.

210. Linnée : Systema vegetabilium, ed. Persoon. *Gottin.*, 1797. in-8.

211. Wedelii tentamen botanicum. *Jenæ*, 1747. in-4. *c.*

212. Epistola ad Leibnitzium , de charactere plantarum naturali, aut. Burckhard. *Helmst.*, 1750. in 8. *d.r.*

213. Expositio characteristica structuræ florum , aut. Van Berkhey. *Lugd. Bat.*, 1761. in-4. *v.r.*

214. Elementa botanicæ, aut. Oeder. *Hafniæ*, 1764. in-8. *d. r.*

215. Manuel de botanique, par Duchesne. *Paris*, 1764. in-12.

216. Manuel de botanique, par Duchesne. *Paris*, 1764. — Histoire naturelle des fraisiers, par le même, 1766. in-12. *c.*
Avec beaucoup de notes et additions autographes.

217. Démonstrations élémentaires de botanique, *Lyon*, 1766. 2 vol. in-8.

218. Démonstrations élémentaires de botanique : planches. *Lyon*, 1796. 2 vol. in-4. *d. r.*

219. Genera plantarum vocabulis characteristicis definita, 1776. in-8.

220. Milleri illustratio systematis sexualis Linneani, cur. Weiss. *Francof.*, 1789. 2 vol. in-8.

221. Familles des plantes, par Adanson. *Paris*, 1763. 2 vol. in-8.

222. Genera plantarum, aut. de Jussieu. *Paris*, 1789. in-8.

223. Tableau des règnes de la nature : Botanique, par de Lamarck. *Paris*, 1791. Texte, 2 vol. Planches, 8 vol. in-4. *d. r.*

224. Philosophiæ botanicæ novæ prodromus, aut. Link. *Gottin.*, 1798. in-8. *b.*

225. Tableau du règne végétal, par Ventenat. *Paris*, an VII, 4 vol. in-8.

226. Essai d'une nouvelle classification des végétaux, par Augier. *Lyon*, 1801. in-8. *b.*

227. Calendrier de Flore, par madame V. de C. (Chastenay). *Paris*, 1802. 2 vol. in-8. *d. r.*

228. Synopsis plantarum, cur. Persoon. *Paris*, 1805. 2 vol. in-12. *b.*

229. Exposition des familles naturelles et de la germination des plantes, par Jaume S.-Hilaire. *Paris*, 1805. 4 vol. in-8. *d. r.*

230. Principes élémentaires de botanique et de physique végétale; extrait de la troisième édition de la Flore française. *Paris*, 1805. in-8.

231. Théorie élémentaire de la botanique, par Decandolle. *Paris*, 1813. in-8. *b.*

232. Nouveau voyage dans l'empire de Flore, par Loiseleur Deslongchamps. *Paris*, 1817. in-8. *b.*

233. Leçons de Flore, par Poiret. *Paris*, 1823. in-8. *b.*

234. Observationes de ortu ac vegetatione plantarum, aut. Triumfetti. *Romæ*, 1685, in-4. *b.*

235. Statique des végétaux, par Hales, trad. par Buffon. *Paris*, 1735. in-4.

236. Physique des arbres, par Duhamel du Monceau. *Paris*, 1757. 2 vol. in-4.

237. Physiologie et pathologie des plantes, par Plenck. *Paris*, 1802. in-8. *b.*

238. Physiologie végétale, par Senebier. *Genève*, an VIII. 5 vol. in-8. *d. r.*

239. Essai sur l'anatomie des végétaux, par Mirbel. — Essai sur les qualités des arbres du département du Nord, par Hecart. *Valenciennes*, an III. in-4. *d. r.*

240. Traité d'anatomie et de physiologie végétales, par Mirbel. *Paris*, an X. 2 vol. in-8. *d. r.*

241. Exposition et défense de ma théorie de l'organisation végétale, par Mirbel. *La Haye*, 1808. in-8. *b.*

242. Élémens de Physiologie végétale, par Mirbel. *Paris*, 1815. 3 vol. in-8. *b.*

243. Ferrarii Flora seu de florum culturâ, ed Rottendorfio. *Amster.*, 1664. in-4.

244. Gœrtner : de Fructibus et seminibus plantarum. *Stuttgardiæ*, 1787. 4 vol. in-4. *vé.*

245. Theophrasti historia plantarum, latinè. *Paris*, 1529. in-8. *v.*

246. Theophrasti historia plantarum græcè et latinè, ed. Bodæo à Stapel. *Amst.*, 1644. in-fol.

247. De historia stirpium, aut. Fuchsio. *Basil.*, 1542. in-fol. *fig. col.*

248. Historia plantarum. *Lugd.*, 1567. in-12. *fig. en bois.*

249. Plantarum seu stirpium historia, aut. Lobel. *Antuer.* 1576. in-fol. *v. f.*

250. Dodonæi stirpium Historia. *Antuer.* 1582. in-fol.

251. De plantis, epitome Matthioli, aut. Camerario. *Franc.*, 1586. in 4.

252. Clusii rariorum plantarum historia. *Antuer.*, 1601. in-fol.

253. Clusii exotica. *Antuer.*, 1605. in-fol.

254. Histoire générale des plantes, par Dalechamp. *Lyon*, 1753. 2 vol. in-fol.

255. Historia plantarum universalis, aut. Bauhino et Cherero. *Ebrod.*, 1650. 3 tom. en 1 vol. in-fol. *v.*

256. De plantis exoticis, aut. P. Alpino. *Venet.* 1656. in-4.

257. G. a Turre : Historia plantarum. *Patavii*, 1685. in-fol.

258. Plantarum historia universalis, aut. Morison. *Oxon.* 1680. 3 vol. in-fol.

259. L. Plukenetii phytographia. *Lond.* 1769. 4 vol. in-4. *c.*

260. Zanonii rariorum stirpium historia. *Bononiæ* 1742. in-fol. *v.*

261. Plantæ rariores, aut. Trew, cum supplemento a Vogel. *Norinb.* 1763-1784, 3 décad. in-fol. *d. r.*

262. Phytonomatotechnie universelle, par Bergeret. *Paris*, 1783. 3 vol. in-fol. *c.*

263. Histoire des plantes, par Mirbel. *Paris*, an X, 5 vol. in-8. *c.*; manque le tom. 3.

264. De la nature, vertu et utilité des plantes, par de la Brosse. *Paris*, 1628. in-8.

265. Observations sur les plantes, par Guettard. *Paris*, 1747. 2 vol. in-12.

266. Cours complet d'agriculture, par Rozier. *Paris*, 1781, tom. 1 à 7. in-4. *v.*

267. Cours complet d'agriculture. *Paris*, 1809. 3 vol. in-8. *b.*

268. Dictionnaire des jardiniers, par Miller. *Paris*, 1785. 7 vol. in-4.

269. Le botaniste cultivateur, par Dumont-Courset. *Paris*, 1802. 5 vol. in-8. *c.*

270. De re hortensi. *Paris*. R. Stephanus. 1539. — Seminarium

et plantarium fructiferarum arborum. 1540. — De latinis et græcis nominibus arborum, etc., 1544. in-8.

271. Lexicon plantarum hactenùs usualium, aut. Franco. *Argent.*, 1685. in-12.

272. Dictionnaire universel des drogues, par Lemery. *Paris*, 1759. in-4.

273. Examen omnium simplicium medicamentorum, aut. Brasavolo. *Venet.*, 1539. in-8. *v.*

274. Valentini historia simplicium reformata. *Francof.*, 1716. in-fol.

275. Abrégé des plantes usuelles, par Chomel. *Paris*, 1803. 2 vol. in-8. *b.*

276. Encyclopédie méthodique; planches de botanique. 2 vol. in-fol. *d. r.*

277. Collection de plantes gravées, extraites de divers ouvrages, avec les noms linnéens, mis par M. de Lamarck. in-fol.

278. Eicones plantarum, cur. N. Bassæo. *Francof.*, 1590. in-4. *oblong.*

279. Plantarum effigies, a Fuchsio. *Lugd.*, 1552. in-12. *v.* fig. en bois.

280. Icones stirpium. *Antuer. Plantin*, 1591. in-4. *oblong.* fig. en bois.

281. Hortus floridus, *Arnheim*, 1614, in-4. *oblong.* figures de Crispin de Pass.

282. Icones rariorum plantarum Siciliæ, etc., aut. Boccone, *Oxon.* 1674, in-4. *v. f.*

283. Exoticæ et plantæ minùs cognitæ, aut. Breynio. *Gedani*, 1678, in-fol. *v.*

284. Herbarium diluvianum, a Scheuczero, *Lugd. Bat.*, 1723. in-fol. *v. f.*

285. Plantæ minùs cognitæ, aut. Buxbaum, *Petropoli*, 1728. 2 vol. in-4. *vél.*

286. Blackwell's curious herbal, *London*, 1729, 2 vol. in-fol. *m. r. rel. par Derome.*

287. Explication de figures, de plantes et d'animaux, par Garsault, *Paris*, 1765. 5 vol. in-8. *v.*

288. Icones plantarum rariorum aut. Jacquin, *Vindob.*, 1781. 3 vol. in-fol. *fig. col. d. r.*

289. Plantes gravées, publiées par Buchoz, in-fol. *fig. coloriées, d. r.*

290. Lheritier : Stirpes novæ, fasciculi 7. *Paris*, 1788. — Cornus, 1788. — Sertum anglicum, 1788. — Geraniologia. 2 vol. in-fol. *d. r.*
Manque le texte du *Geraniologia.*

291. Plantarum icones hactenus ineditæ, aut. Smith. *Londini,* 1789-1791. 3 vol. in-fol. *c.*

292. Plantæ rariores vivis coloribus depictæ a Meerburg. *Lugd. Bat.* 1789. in-fol. *d. r.*

293. Symbolæ botanicæ, aut. Vahl. *Hauniæ*, 1790, part. 1 et 2, in-fol. *d. r.*

294. Pflanzenthiere in abbildungen nach der nature, von Esper. *Nurnberg*, 1791. 2 vol. — Fortsetzung, 1797. 2 vol. in-4.

295. Planches d'histoire naturelle, extraites du Voyage de Bruce. in-4. *d. r.*

296. Botanisches Bilderbuch, von Dreves, *Leipzig*, 1794, in-4. 8 cahiers.

297. Icones plantarum, aut. Decandolle, editæ a B. Delessert. *Paris*, 1820. 2 vol. in-fol. *c.*

298. Le jardin du roi Loys XIII, par Vallet. *Paris*, 1623. in-fol.

299. Hortus regius Blesensis. *Paris*, 1653. in-fol.

300. Hortus regius Blesensis auctus, aut. Morison, *Londini.* 1669. in-8.

301. Jardin de la Malmaison, par Ventenat. *Paris*, 1803. in-fol. vingt livraisons.

302. Descriptio rariorum plantarum in horto Farnesiano, aut. Adisco. *Romæ*, 1625. in-fol.

303. Hortus medicus et philosophicus, aut. Camerario. *Francof.* 1588. in-4. *m. r.*

304. Tableau de l'école de botanique, par Desfontaines. *Paris*, 1814. in-8. *d. r.*

305. Hortus regius Monspeliensis, à Magnol. *Monsp.* 1697. in-8. *m. r.*

306. Gouan : Hortus regius Monspeliensis. *Lugd.*, 1762. in-8.

307. Horti medici Amstelodamensis plantæ rariores, aut. Commelino. *Amstel.*, 1697. 2 vol. in-fol.

308. Commelin : Horti medici Amstelodamensis plantæ rariores. *Lugd. Bat.*, 1706. in-4. *c.*

309. Horti academici Lugduno-Batavi catalogus. *Lugd. Bat.* 1687. in-8.

310. Index alter plantarum in horto academico Lugduno-Batavo, aut. Boerhaave. *Lugd. Bat.* , 1720. in-4. *c.*

311. P. Hermanni paradisus Batavus, seu descriptio rariorum plantarum. *Lugd. Bat.*, 1705. in-4.

312 Catalogus plantarum horti Pisani, aut. Tilli. *Florentiæ.* 1723, in-fol. *v.*

313. Hortus romanus, a. G. Bonnelli. *Romæ*, 1772. 4 vol. in-fol. *d. r.*

314. Fabricii enumeratio plantarum horti Helmstadiensis. *Helmstadi*, 1776. in-8.

315. Novi proventus horti medici Vitembergensis, cur. Heuchero. *Vitemb.*, 1711. in-4.

316. Catalogus plantarum. *Pragæ*, 1776. in-8.

317. Linnæi hortus Upsaliensis. *Stockholmiæ*, 1748. in-8.

318. Reliquiæ Rudbeckianæ, cur. Smith. *Londini*, 1789. in-fol.

319. Hortus Kewensis, by Aiton. *London*, 1789. 3 vol. in-8. *c.*

320. Hortus medicus Edimburgensis, by Sutherland. *Edimb.*, 1683. in-12.

321. Reliquiæ Houstonianæ, seu icones plantarum, ab Houston *Lond.*, 1781. in-fol. *d. r.*

322. Historia amaranthorum, aut. Willdenow. *Turici*, 1790. in-fol. *b.*

323. Decandolle astragalogia. *Paris*, 1802. in-fol. *pap. vélin. c.*

324. Précis sur la canne à sucre, par Dutrone. *Paris*, 1791. in-8. *d. r.*

325. Histoire naturelle et médicale des casses, par Colladon. *Montpellier*, 1816. in-4. *b.*

326. Histoire des champignons de la France, par Bulliard. *Paris*, 1791, 3 vol. in-fol. *fig. color. v. é.* Le volume de texte est broché.

327. Description of the genus cinchona, by Lambert. *London*, 1797. in-4. *c.*

328. Suplemento a la quinologia, por Ruiz. *Madrid*, 1801 in-4. *b.*

329. Traité du citrus, par Gallesio. *Paris*, 1811. in-8. *d. r.*

330. Histoire des conferves d'eau douce, par Vaucher. *Genève*, 1803. in-4. *d. r.*

331. Analyse botanique des embryons endorhizes, par Richard. *Paris*, 1811. in-4. *b.*

332. Eryngiorum nec non novi generis alepideæ historia, aut. Delaroche. *Paris*, 1808. in-fol. *c.*

333. **De euphorbiarum generibus**, aut. de Jussieu. *Paris*, 1824, in-4. *b*.

334. Agrostographia, aut. Scheuzhero. *Tiguri*, 1719. in-4.

335. Graminum monographia, aut. Flüggé. *Hamb.*, 1810. in-8. *c*.

336. Essai d'une nouvelle agrostographie, par Palissot de Beau- vois. *Paris*, 1812. in-8. *d. r.*

337. Descriptio graminum in Gallià et Germanià nascentium. *Francof.*, 1802. in-8. *pap. vélin. b.*

338. De verâ antiquorum herbâ Britannicâ, aut. Muntingio. *Amstel.*, 1681. in-4. *v.*

339. Les liliacées, par Redouté. *Paris*, 1802. in-fol. fig. coloriées. 80 livraisons.

340. Mémoire sur le maïs, ou blé de Turquie, par Parmentier. *Bord.*, 1785. in-4. *b.*

341. Ferrarii Hesperides, sivè de malorum aureorum culturâ et usu. *Romæ*, 1646. in-fol.

342. Fabii Columnæ phytobazanos. *Florentiæ*, 1744. in-4. *d. r.*

343. Monographie de la famille des plantes étoilées, par Edillemet. *Strasbourg*, 1791 in-12. *b.*

344. Histoire des plantes grasses, par Decandolle, avec les figures par Redouté. *Paris*, an VII. 2 vol. in-fol. *pap. vél.*

345. Monographia de Potentillâ, aut. Nestler. *Paris*, 1816. in-4. *pap. vél.*

346. Histoire particulière des plantes orchidées, par Du Petit- Thouars. *Paris*, 1822. gr. in-8. *b.*

347. Histoire naturelle des solanums, par Dunal. *Paris*, 1813., in-4. *b.*

348. Classis umbelliferarum, aut. Crantz. *Lipsiæ*, 1767. in-8. *d. r.*

349. Essai sur les variétés de la vigne en Andalousie, par Clemente. *Paris*, 1814. in-8. *b.*

350. Nova genera et species plantarum, aut. Swartz. *Holmiæ*, 1788, in-8. *b.*

351. Description des planches nouvelles du jardin de Cels. *Paris*. an VIII. Gr. in-4. *v.*

352. Traité des arbres et arbustes, par Duhamel. *Paris*, 1755. in-4. *b.* le tom. 2.

353. Traité des arbres et arbustes que l'on cultive en France, par Duhamel. *Paris*, 7 vol. in-fol. *d. r.*

Les Numéros 72 à 83, ou tom. 7, sont en cahiers.

354. Histoire des arbres et arbrisseaux, par **Desfontaines**. *Paris.* 1809. 2 vol. in-8. *d. r.*

355. Traité des arbres résineux conifères, par Tschudi. *Metz,* 1768. in-8. *b.*

356. Manière de cultiver les arbres fruitiers, par Legendre. *Paris,* 1652. in-12.

357. Beytrag sur teutschen holzgerechten forstwissenschaft, von Wangenheim. *Gottin.* 1787. in-fol. *fig.*

358. Plantes de l'Europe, par Merian. *Paris,* 1771. in-fol.

359. Flore Française, par Lamarck. *Paris,* 1778. 3 vol. in-8.

360. Extrait de la Flore Française du chevalier de Lamarck. 1792. in-8.

361. Flore Française, par Lamarck et Decandolle. *Paris* 1805. 5 vol. in-8. *b.*

362. Flore Française, par Lamarck et Decandolle. *Paris,* 1805. 5 vol. in-8. *pap. vél. c.*

363. La même. 5 vol. in-8. *d. r.*

364. Flore Française, par Lamarck. 4 vol. in-4. — Herbier contenant les originaux des plantes. in-fol.
Manuscrit autographe.

365. Flora Gallica, aut. Loiseleur Deslonchamps. *Lutet.,* 1806. 2 vol. in-12. *v.* — Notice sur les plantes à ajouter à la Flore de France. 1810. in-8. *b.*

366. Synopsis plantarum in Florâ Gallicâ descriptarum, aut. Lamarck et Decandolle. *Paris,* 1806. in-8. *v.*

367. Plantes de la France, décrites par M. Jaume Saint-Hilaire. *Paris,* 1808. 3 vol. gr. in-8. *fig. color.*

368. Icones plantarum Galliæ rariorum, aut. Decandolle. *Paris.* 1808. in-4. *c.*

369. Histoire des plantes des environs de Paris, par Tournefort. *Paris,* 1725. 2 vol. in-12.

370. Vaillant : Botanicon Parisiense. *Paris,* 1743. in-12.
M. de Lamarck y a ajouté les dénominations linnéennes.

371. Flore de Bourgogne. *Dijon,* 1782. 2 vol. in-8. *d. r.*

372. Histoire des plantes du Dauphiné, par Villars. *Grenoble,* 1786. 4 vol. in-8. *d. r.*

373. Collection des plantes Alpines qui croissent spontanément dans les montagnes du département du Leman et du Valais, recueillies et imprimées par Necker de Saussure. An X. 1801. in-4. *d. r.*
Cette collection a été imprimée sur la plante même.

374. Flore d'Auvergne, par Delarbre. *Clermont,* 1795. in-8. *d. r.*

375. Flora Gallo-provincialis , aut. Gérard. *Paris*, 1761. in-8.

376. Histoire des plantes des environs d'Aix, par Garidel. *Aix*, 1715. in-fol.

377. Methodus foliorum, seu flora Monspeliensis , aut. Sauvages. *La Haye*, 1751. in-8.

378. Flora Monspeliaca, aut. Gouan. *Lugd.*, 1765. in-8. *d. r.*

379. Extrait de la Chloris Narbonensis, par Pourret, in-4.

380. Flore Bordelaise, par Laterrade. *Bordeaux*, 1821. in-12. *b.*

381. Calendrier de Flore des environs de Niort , par Guillemeau. *Niort*, 1801, in-12. *b.*

382. Mémoire sur l'agriculture du Boulonais , *Boulogne*, 1784, in-8. *b.*

383. Flore du nord de la France, par Roucel. *Paris*, 1803. 2 v. in-8. *v. d. s. t.*

384. Botanographie Belgique , par Lestiboudois. *Lille* , 1781. in-8. *b.*

385. Botanographie Belgique , par Lestiboudois. *Lille*, an VII. 4 vol. in-8. *c.*
Avec envoi autographe de l'auteur.

386. Mappi historia plantarum Alsaticarum. *Argent.*, 1742. in-4.

387. Flora Gelro-zutphanica, aut. Gorter. *Harder.* 1745. in-8. *b.*

388. Historia stirpium indigenarum Helvetiæ, aut. Haller, *Bernæ*, 1768. in-fol. tom. 1.

389. Flora Pedemontana , aut. Allionio. *Aug. Taur.* 1785. 3 vol. in-fol. *c.*

390. Auctarium ad Floram Pedemontanam, aut. Allionio. *Aug. Taur.* 1789. in-4. *d. r.*

391. Deliciæ Floræ et Faunæ Insubricæ, aut. Scopoli. *Ticini,* 1786. 3 vol. in-fol. *c.*

392. Plantæ Veronenses , aut. Seguier. *Veronæ* , 1745. 2 vol. in-8. *v.*

392 *bis.* Monte Baldo descritto da G. Pona. — dell' amonco, dal medesimo. *Venetia.* 1617. in-4.

393. Cyrilli plantæ rariores regni Neapolitani, fasc. 1. *Neapoli*, 1788. in-fol. *d. r.*

394. Rothii tentamen Floræ Germanicæ. *Lipsiæ*, 1788. 2 vol. in-8. *d. r.*

395. Deutschlands Flora, von Hoffmann. *Erlangen,* 1791. in-18. *b.*

396. Wolff : Flora Borussica. *Regiom*, 1765. in-8. *b.*

397. Floræ Berolinensis prodromus, aut. Willdenow. *Berol*, 1787.
in-8. *d. r.*

398. Flora Herbornensis, aut. Leers. *Herbornæ*, 1775. in-8. *d. r.*

399. Enumeratio horti regii et agri Gottingensis, ab Haller, *Got-tingæ*, 1753. in-8.

400. Catalogus plantarum horti academici et agri Gottingensis, à Zinn. *Gottin.* 1757. in-8. *b.*

401. Weberi spicilegium Floræ Goettingensis. *Gothæ*, 1778. in-8.
d. r.

402. Flora Jenensis, ab Haller, a Ruppio aucta et emendata. *Jenæ*,
1745. in-8.

403. Flora Lipsiensis, aut. Baumgarten. *Lipsiæ*, 1790. in-8. *d. r.*

404. Elshotii flora Marchica. *Berolini*, 1663. in-8.

405. Floræ Megapolitanæ prodromus, aut. Tinun. *Lipsiæ*, 1788.
in-8. *d. r.*

406. Flora Noribergensis, operâ Volckameri. *Norib.*, 1700. in-4.

407. Historia plantarum in Palatinatu electorali sponte nascen-
tium, aut. Pollich. *Mannhemii*, 1776. 3 vol. in-8. *d. r.*

408. Schrank : Primitiæ floræ Salisburgensis. *Francof.*, 1792.
in-8. *d. r.*

409. Flora Silesiaca, aut. Krocker. *Wratisl.*, 1787. 2 vol. in-8.

410. Kerners beschreibung und abbildung der Baume und Ges-
trauche welche in Wirtemberg wild wachsen. *Stuttgard*,
1783. in-4. *d. r.*

411. Stirpes Austriacæ, aut. Crantz. *Viennæ*, 1762. in-8. *b.*

412. Crantz : Stirpes Austriacæ. *Vindob.*, 1769. 2 vol. in-4. *c.*

413. Flora Carniolica, aut. Scopoli. *Vindob.*, 1772. 2 vol. in-8.
v. c.

414. Plantæ alpinæ Carniolicæ, aut. Hacquet. *Viennæ*, 1782. in-4.
d. r.

415. Flora Posoniensis, aut Lumnitzer. *Lipsiæ*, 1791. in-8. *d. r.*

416. Flora Rossica, aut. Pallas. *Petropoli*, 1784. 2 vol. in-fol. *c.*

417. Flora Rossica, aut. Pallas. *Francof.*, 1789. 2 tom. en 1 vol.
in-8. *d. r.*

418. Stirpium rariorum in imperio Rutheno icones, aut. Ammano.
Petropoli, 1739. in-4. *v. v.*

419. Flora Sibirica, aut. Gmelin. *Petropoli*, 1747. 4 vol. in-4. *c.*

420. Linnæi Flora Suecica. *Stockholmiæ*, 1755. in-8.

421. Raii synopsis methodica stirpium Britannicarum. *Londini*,
1724. in-8.

422. Flora Britannica, aut. Smith. *Londini*, 1800. 2 vol. in-8. *c.*

423. Flora Scotica, by Lightfoot. *London*, 1777. 2 vol. in-8. *d. r.*

424. Cavanilles icones plantarum quæ in Hispaniâ crescunt. *Matriti*, 1791, in-fol. p. 1.

425. Synopsis stirpium Aragoniæ, aut. C. A. R. (d'Asso). *Massiliæ*, 1779. in-4. *d. r.*

426. Flora Orientalis, aut. Gronovio. *Lugd. Bat.*, 1755. in-8.

427. Burmanni Flora Indica. *Lugd. Bat.*, 1768. in-4. *c.*

428. Hortus Malabaricus, aut. Commelin. *Amstel.*, 1686. 12 tom. en 6 vol. in-fol. — Index Burmanni. *Amst.*, 1769. in-fol. *b.*

428 *bis*. Flora Cochinchinensis, aut. Loureiro. *Berol.*, 1793. 2 tom. en 1 vol. in-8. *d. r.*

429. Linnæi : Flora japonica. *Amstel.*, 1737., in-8. *v.*

430. Flora Japonica, aut. Thunberg. *Lipsiæ*. 1784. in-8. *d. r.*

431. Icones plantarum Japonicarum, aut. Thunberg. *Upsal.*, 1794. in-fol. *d. r.*

432. Icones selectæ plantarum quas in Japoniâ collegit Kæmpfer. *Londini*, 1791. in-fol. *d. r.*

433. Herbarium Amboynense, aut. Rumphio. *Amst.*, 1750. 7 tom. en 6 vol. in-fol. *v. f.*

434. Thesaurus Zeylanicus, cur. Burmanni. 1737. in-4. *v. f.*

435. Linnæi Flora Zeylanica, *Holmiæ*, 1747. in-8.

436. Burmanni plantæ rariores Africanæ. *Amstel.* 1738. in-4. *vel.*

437. P. Alpini historia Ægypti naturalis. *Lugd. Bat.* 1735. 2 vol. in-4. *c.*

438. Flora Ægyptiaco-arabica, aut. Forskal. *Hauniæ*, 1775. in-4.

439. Icones plantarum Syriæ, aut. La Billardière, *Paris*, 1791. in-4.

440. Flora Atlantica, aut. Desfontaines. *Paris*, an VI, 2 vol. gr. in-4. *pap. vélin. v.*

441. Flore d'Oware et de Benin, par Palissot de Beauvois. *Paris*, 1804. 2 vol. in-fol. *d. r.*
Les livraisons 11 à 19 sont en cahiers.

442. Descriptiones plantarum ex capite Bonæ-Spei, aut. Bergio. *Stockholmiæ*, 1767. in-8. *d. r.*

443. Prodromus plantarum Capensium, aut. Thunberg. *Upsaliæ*, 1794. in-8. *d. r.*

444. Planches d'histoire naturelle du voyage de Paterson au cap de Bonne-Espérance. in-fol. *d. r.*

445. Histoire des végétaux des îles de France, Bourbon, etc., par Dupetit-Thouars. *Paris*, 1804. in-4. *b*.

446. Flora Indiæ occidentalis, aut. Swartz. *Erlangæ*, 1787. 3 vol. in-8. *d. r.*

447. Nova plantarum Americanarum genera, aut. Plumier. *Paris*, 1703. in-4.

448. Description des plantes de l'Amérique, par Plumier. *Paris*, 1693. in-fol.

449. Traité des fougères de l'Amérique, par Plumier. *Paris*. 1705. in-fol.

450. Plantæ Americanæ a Plumier, ed. Burmanno, *Amst.*, 1755. in-fol. *v*.

451. Jacquin : Selectarum stirpium Americanarum historia. *Vindob.*, 1763. in-fol. *c*.

452. Eclogæ Americanæ, aut. Vahl. *Hauniæ*, 1796. 2 vol. in-fol. *d. r.*

453. Histoire des chênes de l'Amérique, par Michaux. *Paris*, 1801. in-fol. *c*.

454. Extrait d'un manuscrit de M. de Malesherbes, sur les plantes d'Amérique, avec quelques observations de Fougeroux de Bondaroy. in-4. *Manuscrit*.

455. Voyage de Humboldt et Bonpland : Plantes équinoxiales. *Paris*, 1805. in-fol. livr. 1 à 8. — Melastomes. 1806. in-fol. liv. 1 à 8.

456. Nova genera et species plantarum novi orbis, aut. Bonpland et Humboldt, ed. Kunth. *Paris*, 1815. 7 vol. in-4.
Les tom. 1 à 6 sont reliés, et les livraisons 31, 32, 33, en cahiers.

457. Floræ Peruvianæ et Chilensis prodromus, aut. Ruiz et Pavon. *Madrid*, 1794. in-fol. *d. r.*

458. Histoire des plantes de la Guyane Française, par Aublet. *Paris*, 1775. 4 vol. in-4.

459. Nova plantarum, animalium et mineralium Mexicanorum historia, aut. Hernandez. *Rom.*, 1651. in-fol.

460. Hortus Europæ Americanus, by Catesby. *London*, 1767. in-4. *d. r. fig. color.*

461. Catalogue des arbres et arbustes des Etats-Unis de l'Amérique, par Marshal. *Paris*, 1788. in-8. *d. r.*

462. Flora Virginica, aut. Gronovio. *Lugd. Bat.*, 1762. in-4. *v. f.*

463. Flora Caroliniana, aut. Walter. *Londini*, 1788. in-8. *c*.

464. Cornuti historia plantarum Canadensium. *Paris*, 1635. in-4. *v. f.*

465. Novæ Hollandiæ plantarum specimen, aut. La Billardière. *Paris*, 1804. 2 vol. gr. in-4. *v.*

466. Sertum Austro-caledonicum, aut. La Billardière, *Paris*, 1824. 2 vol. in-4. *b.*

467. Theoria generationis et fructificationis plantarum cryptogamicarum, aut. Hedwig. *Petropoli*, 1784. in-4. *d. r.*

468. Plantæ cryptogamicæ Floræ Gottingensis, aut. Weiss. *Gott.*, 1770. in-8. *d. r.*

469. Plantæ cryptogamicæ Britanniæ, aut. Dickson. *Lond.*, 1785. in-4. 2 cahiers.

470. Filices britanicæ, by Bolton. *Leeds.* in-4. *c.*

471. Historia fucorum, aut. Gmelin. *Petropoli*, 1768. in-4. *d. r.*

472. Elenchus fungorum, aut. Batsch. *Halæ*, 1783. in-4. *d. r.*

473. Ruiz, de verâ fuci natantis fructificatione. *Matriti*, 1798.— Ad Jussieum epistola. 1801. — Réponse à Cavanilles, en espagnol. 1796. in-8.

474. Dissertations sur plusieurs espèces de fucus, par Lamouroux. *Agen*, 1805. in-4. *br.*

475. Dillenii historia muscorum. *London*, 1768. in-4. *d. r.*

476. Methodus muscorum, aut. Necker. *Manhemii*, 1772. in-8. *d. r.*

477. P. Arduini animadversionum botanicarum specimen. *Patavii*, 1759. in-4.

478. Illustrationes et observationes botanicæ, aut. Gouan. *Tiguri*, 1773. in-fol. *d. r.*

479. Jacquin: observationes botanicæ. *Vindob.*, 1764. 2 vol. in-fol. *c.*

480. Jacquin: miscellanea austriaca. *Vindob.*, 1778. 2 vol. in-4. *d. r.*

481. Jacquin: collectanea ad botanicam, etc. *Vindob.*, 1786. 4 vol. in-4. *d. r.*

482. Dissertationes botanicæ, aut. Cavanilles. *Paris*, 1785. 2 vol. in-4. *v.*

483. Observationes botanicæ, aut. Gloxin. 1785. in-4. *c.*

484. Observationes botanicæ, aut. Schwartz. *Erlangæ*, 1791. in-8. *d. r.*

485. Retzii observationes botanicæ. *Lipsiæ*, 1791. in-fol. *d. r.*

486. Boehmeri commentationes œconomico-medico-botanicæ. *Vite-bergæ*. 1792. in-4. *b.*

487. Amours des plantes , trad. de Darwin , par Deleuze. *Paris*, an VIII. in-12. *b.*

488. Mélanges de botanique , par Dupetit-Thouars. *Paris*, 1811. in-8. *d. r.*

489. Histoire d'un morceau de bois, par Dupetit-Thouars. *Paris*, 1815. in-8. *b.*

490. Bibliotheca botanica, aut. Seguierio. *Hagæ*, 1740. in-4.

491. Bibliotheca botanica , aut. Haller. *Tiguri.* 1771. 2 vol. in-4.

492. Revue des écrits de Linnée, par Pulteney. *Paris*, 1789. 2 vol. in-8. *d. r.*

ZOOLOGIE.

493. Synopsis methodica animalium, aut. Raio. *Lond.*, 1693. in-8.

494. Erxleben : Systema regni animalis. *Lipsiæ*, 1777. in-8.

495. Règne animal , par Brisson. *Paris*, 1756. in-4.

496. Exposition de la théorie de l'organisation animale , par Mir-bel. *Paris*. 1809. in-8. *d. r.*

497. Règne animal , par Cuvier. *Paris*, 1817. 4 vol. in-8. *v.*

498. Footsteps to the natural history of beasts and birds. *London*, 1809. 2 vol. in-12, *fig. en bois.*

499. Familles naturelles du règne animal , par Latreille. *Paris*, 1825. in-8. *b.*

500. Jonstonus , de quadrupedibus. *Amstel.*, 1657. 2 vol. in-fol.

501. Considérations générales sur les mammifères, par Isid. Geof-froy Saint-Hilaire, *Paris*, 1826. in-18.

502. Histoire naturelle de Buffon. *Paris*, 1774. 5 vol. — Oiseaux, 9 vol. — Minéraux, 5 vol. et atlas. — Supplément, 7 vol. — Ovipares , 2 vol. — Ensemble , 39 vol. in-4. *b.*

503. Histoire naturelle de Buffon avec les continuations , par La-marck, etc., publiée par Castel. *Paris*, an VII. 58 vol. in-18. *c.* Manquent les coquilles.

504. Description anatomique de divers animaux disséqués dans l'a-cadémie des sciences. *Paris* , 1682. in-4.

505. Leçons d'anatomie comparée, par Cuvier. *Paris*, an VIII. 5 vol. in-8.

506.* Principes d'anatomie comparée , par Blainville. *Paris* , 1822. in-8. *b.* Tom. 1ᵉʳ.

507. **Pallas** : Miscellanea zoologica. *Hagæ-Com.*, 1766. in-4. *c.*

508. Spicilegia zoologica, cur. **Pallas**. *Berol.* 1767. in-4. *d. s. t.*
10 fascic., *fig. coloriées.*

509. Halieutiques, trad. du grec d'Oppien, par Limes. *Paris*,
1817. in-8. *b.*

510. Instruction pour les bergers, par Daubenton. *Paris*, an X.
in-8. *b.*

511. Système des animaux sans vertèbres, par Lamarck. *Paris*,
an VIII. in-8. *b.*

512. Extrait du cours de zoologie sur les animaux sans vertèbres,
par Lamarck. *Paris*, 1812. in-8. *b.*
16 exemplaires.

513. Histoire naturelle des animaux sans vertèbres, par Lamarck.
Paris, 1815. 8 vol. in-8.

514. Mémoires sur les animaux sans vertèbres, par Savigny. *Paris*,
1816. 2 vol. in-8. *b.*

515. Histoire naturelle des salamandres de France, par Latreille.
Paris, 1800. in-8. *d. r.*

516. Faune Parisienne, par Walckenaer. *Paris*, 1802. 2 vol.
in-8. *b.*

517. M. Lister : Historia animalium Angliæ. *Lond.* 1678. in-4.

518. Zoologia Danica, aut. Muller. *Hauniæ*, 1788. 3 vol. in-fol.

519. Fauna Groenlandica, aut. Fabricio. *Hafniæ*, 1780. in-8. *b.*

520. Ménagerie du Muséum d'Histoire naturelle. *Paris*, 1801.
8 cah. in-fol.
Manque le 7e.

521. Histoire naturelle des deux éléphans du Muséum, par Houel.
Paris, 1803. in-4. *d. r.*

522. Planches de Séba, accompagnées d'un texte explicatif, par une
réunion de savans. *Paris*, 1827. in-fol. 34 *livr.*

523. Planches du cabinet de curiosités naturelles. in-fol. *fig. col.*

524. Ornithologie, par Brisson. *Paris*, 1760. 6 vol. in-4.

525. Ornithologie, par Salerne. *Paris*, 1767. in-4. *c.*

526. Histoire naturelle des oiseaux, par Buffon. *Paris*, 1770
10 vol. in-12.

527. Figures coloriées pour les oiseaux de Buffon, 1008 planches
avec la synonymie manuscrite. 6 vol. in-4. *d. r.*

528. Figures d'oiseaux extraites de Buffon. 2 vol. in-4. *d. r.*

529. Histoire naturelle, planches d'ornithologie. in-4. *d. r.*

530. Histoire naturelle et mythologique de l'Ibis, par Savigny.. *Paris*, 1805. in-8. *d. r.*

531. Manuel pour servir à l'histoire naturelle des oiseaux, etc., par Forster, trad. par Leveillé. *Paris*, an VII. in-8. *d. r.*

532. Histoire entière des poissons, par Rondelet. *Lyon*, 1558. in-fol.

533. Historia piscium, aut. Gouan (lat.-franç.). *Strasb.*, 1770. in-4. *c.*

534. Ichtyologia, aut. Broussonet. *Lond.*, 1782. in-4. *b.*

535. Bohadsch, de quibusdam animalibus marinis. *Dresdæ*, 1761. in-4. *v. f.*

536. Basteri opuscula subseciva de animalculis et plantis marinis.. *Harlemi*, 1762. 2 vol. in-4.

537. Animalcula infusoria fluviatilia et marina, curâ Fabricii.. *Hauniæ*, 1786. in-4.

538. Klein: descriptiones tubulorum marinorum. *Gedani*, 1773. in-4. *b.*

539. Memorie per servire alla storia de' polipi marini di Cavolini. *Napoli*, 1785. in-4. *c.*

540. Essai sur l'histoire naturelle des corallines, par Ellis. *La Haye*, 1756. in-4. *c.*

541. Anatomisch-physiologische untersuchungen uber Corallen, von Schudeigger. *Berlin*, 1819. in-4. *c.*

542. Essai sur l'histoire naturelle de la mer Adriatique, par Donati. *La Haye*, 1758. in-4. *c.*

543. Zoologia adriatica dell' Olivi. *Bassano*, 1792. in-4. *c.*

544. Philosophie entomologique, par Saint-Amans. *Agen*, an VII, in-8. *b.*

545. Abrégé de l'histoire des insectes. *Paris*, 1747. 2 vol. in-12.

546. Fabricii systema entomologiæ. *Flensb.*, 1775. in-8.

547. Fabricii entomologia systematica. *Hafniæ*, 1792. 7 vol. in-8. *d. r.*

548. Synonymia iconographica insectorum à Fabricio descriptorum, aut Coquebert. *Paris*, an VII. in-4.

549. Entomologie ou histoire des insectes, par Olivier. *Paris*, 1789. 6 vol. in-4. *v c.*

550. Précis des caractères des insectes, par Latreille. *Brive*, an V. in-8. *d. r.*

551. Fabricii systema eleutheratorum. *Kiliæ*, 1801. 2 vol. in-8. *d. r.*

552. Monographia histeroidum, aut. Paykull. *Upsaliæ*, 1811. in-8. *d. r.*

553. Monographia ammoniteorum et goniatiteorum , aut. Haan. *Lugd. Bat.*, 1825. in-8. *b.*

554. Voet's insecten : coleoptera.*Nurn.*, 1785. in-4. *d. r.*

555. Catalogue de la collection des coléoptères de M. le baron Dejean. *Paris*, 1821. in-8. *b.*

556. Arcana naturæ detecta a Leeuwenhoek. *Delphis Bat.*, 1695. 2 vol. — Continuatio epistolarum. 1715. in-4.

557. Nouvelles recherches sur les découvertes microscopiques, par Spallanzani. 1769. in-8.

558. Novæ insectorum species, aut. Uddman, cur. Panzero. *Norimb.*, 1790. in-4. *d. r.*

559. Storia naturale di un nuovo insecto, di Gerbi. *Firenze*, 1794. in-8. *c.*

560. Histoire naturelle des abeilles. *Paris*, 1744. 4 vol. in-12.

561. Des abeilles proprement dites , par Latreille , in-4. *d. r.*

562. Mémoire sur l'histoire naturelle des abeilles solitaires qui composent le genre Halicte, par Walkenaer. *Paris*, 1817. in-8. *c. pap. vélin.*

563. Construction des ruches de bois, par Palteau. *Metz*, 1756, in-12.

564. Histoire naturelle des fourmis, par Latreille. *Paris*, 1802. in-8. *d. r.*

565. Tableau des aranéides, par Walckenaer. *Paris*, 1805. in-8. *b.*

566. Histoire des insectes des environs de Paris (par Geoffroy). *Paris*, 1762. 2 vol. in-4.

567. Insecta Liguriæ, aut. Spinola. *Genevæ*, 1806. in-4. *d. r·*

568. Insectes recueillis en Afrique par Palissot de Beauvois. *Paris*. 1805. in-fol. 12 livraisons.

Manquent les numéros 5, 6, 7.

569. Genera crustaceorum et insectorum, aut. Latreille. *Paris*, 1806. 4 vol. in-8. *d. r.*

570. Considérations générales sur les crustacés, arachnides, etc., par Latreille, *Paris*, 1810, in-8.

571. Histoire naturelle des crustacés des environs de Nice, par Risso. *Paris*, 1816, in-8. *b.*

572. Traité de la génération des vers intestins, par Bloch. *Strasb.* 1788, in-8. *b.*

573. Vermium terrestrium et fluviatilium historia, aut. Muller. *Hauniæ*, 1773. 2 vol. in-4.

574. Zeder : Naturgeschichte der Eingeweidewürmer, *Bamberg*, 1803. in-8. *d. r.*

575. Entozoorum, sive vermium intestinalium historia naturalis, aut. Rudolphi. *Amst.*, 1808. 3 vol. in-8.

576. Clerici historia naturalis latorum lumbricorum. *Genevæ*, 1715. in-4. *c.*

577. Anatomie des vers intestinaux, par Cloquet. *Paris*, 1824. in-4. *b.*

578. Système des annelides des côtes de l'Egypte et de la Syrie, par Savigny, in-fol. *b.*
Extrait de la description de l'Egypte.

579. Catalogue d'une collection d'helminthes ou vers intestinaux, présentée au Muséum d'histoire naturelle à Paris, par celui de Vienne, en 1816. in-fol. cart.
Manuscrit avec une lettre autographe de M. Bremser.

580. Bibliotheca helminthologica, ab Modeer. *Erlangæ*, 1786. in-8. *b.*

581. Manuel de malacologie et de conchyliologie, par Blainville. *Paris*, 1825. in-8. fig.

582. Essai d'une méthode conchyliologique, par Férussac. 1807. — Tableau des mollusques de France, par Draparnaud, an IX, in-8. *d. r.*

583. Aldrovandus, de mollibus crustaceis, testaceis et zoophytis. *Bonon.*, 1606. in-fol.

584. Thesaurus imaginum piscium, testaceorum, aut. E. Rumphio. *Lugd. Bat.* 1711. in-fol.

585. British zoology. *Lond.* 1777. in-8. *c.*
Le tom. 4e. contenant les crustacées, les vers et les coquilles.

586. F. Columna, de purpurâ, cum notis Majoris. *Kiliæ.*, 1675. in-4. *v.*

587. Histoire naturelle des mollusques, par Draparnaud. *Paris*, 1805, in-4. *c. pap. vélin.*

588. Histoire naturelle des mollusques. par D. Montfort. *Paris*, an X. 6 vol. in-8. *c.*

589. Histoire naturelle des mollusques, par de Férussac. *Paris*, 1819. in-fol. *livraisons 1 à 20, fig. color.*

590. Mémoires pour servir à l'histoire et à l'anatomie des mollusques par Cuvier. *Paris*, 1817. in-4. *b.*

591. M. Lister : Historia conchyliorum. *Oxonii*, 1770. in-fol. *v. f.*

592. Histoire des coquilles , par Brard. *Paris* , 1815. in-12. *b.*

593. Planches pour la conchyliologie , par Favanne. in-4. *d. r.*
Avec tables manuscrites, par M .de Lamarck.

594. Nouvelle Conchyliologie portative , 1767. — Idées sur la formation des fossiles , 1751. in-12. *b.*

595. Klein : methodus ostracologiæ. *Lugd. Bat.*, 1753. in-4.

596. Conchyliologie et zoomorphose, par Dargenville. *Paris* , 1757. in-4. *d. r. figures coloriéés* avec notes et corrections manuscrites.

597. Neues systematisches conchylien cabinet von Martini und Chemnitz. *Nurnberg.*, 1769. 11 vol. in-4. *d. r.* fig. coloriées.

598. Einleitung in die conchylienkentniss , von Schroeter. *Halle,* 1783. 3 vol. in-8. *c.*

599. Conchyliologie systématique , par Montfort. *Paris* , 1808. in-8. *d. r.*

600. Conchyliologie systematique , par Montfort. *Paris* , 1808. 2 vol. in-8. *pap. vélin.*

601. Burrow's elements of conchology. *London*, 1815. in-8. *c.*

602. Recreatio mentis et oculi in observatione animalium testaceorum, aut. Bonanno. *Romæ*, 1684. in-4.

603. Délices des yeux et de l'esprit, ou collection de coquillages, par Knorr. *Nurem.*, 1760. 3 vol in-4. *v. e. d. s. t.*

604. Klein : naturalis dispositio echinodermatum. *Lipsiœ,* 1778. in-4. *c.*

605. Planci de conchis minus notis. *Romœ*, 1760. in-4. *v. r.*
Un second exemplaire.

606. M. Lister : Conchyliorum bivalvium exercitatio anatomica tertia. *Lond.* , 1696. in-4.

607. J. Lea's Observations on the genus unio. *Philadelphia,* 1829. in-4. *b.*
Avec envoi autographe de l'auteur.

608. Geschichte der flussconchylien, von Schroeter. *Halle,* 1779. in-4. *c.*

609. Histoire abrégée des coquillages de mer, par Cubières. *Versailles,* an VIII. in-4. *d. r.*

610. De stellis marinis , aut. Linckio. *Lipsiœ*, 1733. in-fol.

611. Leach's zoological miscellany. *London.*, 1814—1817. 2 vol. in-8. *b.*
Avec envoi autographe de l'auteur. Cette partie contient les coquilles et le troisième volume.

612. Traité des coquilles des environs de Paris, par Geoffroy. 1767. — Coquilles du département de l'Aisne, par Poiret. An IX. in-12. *d. r.*

613. Conchiologia fossile subapennina, di Brocchi. *Milano,* 1814. 2 vol. in-4. *c.*

614. Cochlearum Angliæ liber (aut. Lister.) *Lond.,* 1678. in-4.

615. Conchologie britannique, par Mendes da Costa. *Lond.,* 1778. in-4. *d. r. fig. coloriées.*

616. Index testarum conchyliorum musæi Gualtieri. *Florent.,* 1742. in-fol. *c.*

617. Testacea musæi cesaræi Vindobonensis, aut. Born. *Vind.,* 1780. in-fol. *d. r.*

618. Pallas: Elenchus zoophytorum. *Hagæ Gom.,* 1766. in-8.

619. Ellis's natural history of zoophytes. *London,* 1786. in-4. *d. r.*

620. Histoire des zoophytes, par Lamouroux. *Caen,* 1816. in-8. *b.*

---

621. Recherches et observations naturelles de Boccone. *Amsterdam,* 1674. in-8.

622. Mémoires pour servir à l'histoire naturelle des Pyrénées, par Palassou. 1815. — Suite, 1819. — Supplément, 1821. 3 vol. in-8. *b.*

623. Icones rerum naturalium, etc., aut. Forskal. *Haun.,* 1776. in-4. *d. r.*

624. Descriptiones animalium in itinere orientali observ., aut. Forskal. *Haun.,* 1775. in-4. *d. r.*

625. Histoire naturelle du Sénégal, par Adanson. *Paris,* 1757. in-4. *d. r.*

626. Piso, de Indiæ utriusque re naturali et medicâ. *Amstel.,* 1658. in-fol.

627. Histoire naturelle des îles Antilles de l'Amérique, par Rochefort. *Paris,* 1658. in-4.

628. Essai sur l'histoire naturelle de Saint-Domingue. *Paris,* 1776. in-8. *d. r.*

629. H. Sloane's voyage to Madera, Barbados and Jamaïca, with the natural history of those Islands. *London,* 1707. 2 vol. in-fol. Relié en cuir de Russie.

630. Browne's civil and natural history of Jamaïca, *London.* 1789. in fol.

631. Essai sur l'histoire naturelle de la France équinoxiale, par Barrere. *Paris,* 1741. in-12. *d. r.*

631 *bis.* Observations physiques, mathématiques et botaniques, par Feuillée. *Paris*, 1714, 3 vol. in-4.

632. Saggio sulla istoria naturale del Chili, da Molina. *Bologna*, 1782. in-8.

633. Le Même, traduit en français. *Paris*, 1789. in-8. *d. r.*

634. Voyage de découvertes aux Terres Australes.—Histoire naturelle par Lesueur. *Paris*. in-4. *c.*

635. Sabine's account of the animals seen by the late northern expedition. *London*, 1822. in-4, *b.*

636. Kæmpferi Amœnitates exoticæ. *Lemgoviæ*, 1712. in 4. *v.*

637. Choix de mémoires sur divers objets d'histoire naturelle, par Lamarck, etc., 1792. 2 vol. in-8. *d. r.*

638. Mémoires sur divers sujets de l'histoire naturelle des insectes, etc., par Latreille. *Paris*, 1819. in-8. *b.*

BELLES LETTRES.

639. Cours de grammaire et de belles-lettres, par Andrieux. 1807. 2 vol. in-4. *b.*

640. Art du poëte et de l'orateur, par Papon. *Paris*, 1800. in-8. *d. r.*

641. Novus apparatus græco-latinus. *Paris*, 1681. in-4.

642. Dictionnaire français-latin, par Lallemant. *Paris*, 1782. in-8.

643. Vocabulaire français, par Wailly. *Paris*, 1813. in-8.

644. Dictionnaire français-anglais, de Boyer. *Paris*, 1816. 2 vol. in-8. *b.*

645. Grammaire anglaise de Peyton. 1804.—Synonymes anglais, par Poppleton. 1812. in-12.

646. Walkers's critical pronouncing Dictionary abridged. *London*, 1814. in-12.

647. Grammaire allemande, par Meidinger. *Liége*, 1807. in-8.

648. Fables d'Esope, avec les figures de Barlow. *Amsterdam*, 1714. in-4.

649. OEuvres de Virgile, latin et franç. *Paris*, 1787. 4 vol. in-12.

650. Pétrone, lat. et franç. 1713. 2 vol. in-12.

651. Contes de La Fontaine. *Amst.*, 1745. 2 vol. in-8.

652. Atlantiade, par N. Lemercier. 1812. — Clovis. 1820. — Charlemagne. 1816. in-8. *b*

653. Poésies et traductions en vers de F. Didot. *Paris*, 1822. 2 vol. in-12. *b.*

654. Jacques le fataliste et son maître, par Diderot. *Paris,* an V. 2 vol. in-8. *b.*

655. Morel de Vindé : Primerose. 1798. — Zelomire. 1801. — Clément de Lautrec. 1807. 2 vol. in-12.

656. Romans. 31 vol. in-12 et in-18. *d. r.* et *b.*; dont les Châteaux suisses. 3 vol. in-12; Saint-Clair des Isles. 4 vol., etc.

657. Romans. 28 vol. in-12 et in-18. *r.* et *b.*; dont Ivanhoé, par Walter Scott. 4 vol.; Mystères d'Udolphe. 6 vol., etc.

Les numéros 656 et 657 seront divisés.

658. Collection de Lettres de Nicolas Poussin. *Paris,* 1824. in-8. *b.*

HISTOIRE.

659. Cours d'histoire universelle, par Luneau de Boisjermain. *Paris*, 1768. 2 vol. in-8.

660. Histoire ancienne, par Rollin. *Paris,* 1769. 14 vol. in-12.

661. Essai sur l'histoire, l'esprit et les mœurs des nations, par Voltaire. 1756. 7 vol. in-8.

662. De calendario et cyclo Cæsaris, aut. Blanchino. *Romæ,* 1703. in-fol.

663. Cosmographia P. Apiani. *Paris,* 1551, *avec la trad. franç.* in-4.

664. Geographia di Tolomeo, da Ruscelli. *Venet.,* 1574. in-4.

665. Histoire générale des voyages, par Prevost. *Paris,* 1746. 19 vol. in-4. *b.*

666. Mémoire sur la collection des grands et petits voyages, par Thévenot. *Paris,* 1802. in-4. *c.*

667. Annales de statistique. *Paris,* 1802. 5 vol. in-8. *d. r.*

668. Précis de la nouvelle géographie de la France. *Paris,* 1791. in-4. *oblong.*

669. Statistique des départemens. *Paris,* an IX. 4 vol. in-8. *d. r.*

670. Recherches statistiques sur la ville de Paris, par le comte Chabrol. *Paris,* 1823-1826. 2 vol. in-4. *b.*

671. Voyage des élèves de l'école centrale de l'Eure dans la partie occidentale du département. *Evreux,* an X. in-8. *d. r.*

672. Description du département de l'Oise, par Chambry. *Paris,* 1803. 2 vol. in-8. et atlas *d. r.*

673. Géographie de nos villages, ou Dictionnaire Mâconnais, par Puthod, an VIII. — Annuaire statistique de Vaucluse, an XII. — de la Charente-Inférieure, an XI. in-12. *b.*

674. Essai sur la géographie physique du département du Doubs, par G. Chantrans. *Paris,* 1810. 2 vol. in-8. *d. r.*

675. Voyage pittoresque dans le Jura, par Lequinio. *Paris,* an IX, 2 vol. in-8. *b.*

676. Voyages au Mont-Perdu, par Ramond. *Paris,* 1801. in-8. *d. r.*

677. Gazette nationale ou le Moniteur universel, du 1er. pluviôse an VIII, au 31 décembre 1829. in-fol. 59 vol. *d. r.*
L'année 1829 est en feuilles.

678. Journal de Paris, 1808 à 1811. 7 vol. in-4. *d. r.*

679. Plans et vues de Rome, par Rossi. in-fol.

680. Loflings Reisebeschreibung nach dem Spanish landern. *Berlin,* 1776. in-8. *d. r.*

681. Theatrum Magnæ-Britanniæ, aut. Spedo. *Lond.,* 1616. in-fol.

682. Description nautique des côtes de la Grande-Bretagne, par Lévêque. *Paris,* an XII. in-4. *c.*

683. Voyage en Angleterre, en Ecosse, par Faujas Saint-Font. *Paris,* 1797. 2 vol. in-8. *d. r.*

684. Pallas: Reise durch provinzen des Russischen Reichs (voyage en Russie). *Francof.,* 1776. 3 vol. in-8.

685. Voyages de Pallas en Russie. *Paris,* 1788. 5 vol. in-4. *c.* et atlas.

686. Voyages de Pallas en Russie. *Paris,* an II. 8 vol. in-8.

687. Voyage au pôle boréal, par Phipps. *Paris,* 1775. in-4.

688. Description de la Morée, par Coronelli. *Paris,* 1687. in-fol.

689. Voyage dans l'empire ottoman, etc., par Olivier. *Paris,* an IX. 3 vol. in-4. et atlas.

690. Voyages dans le Levant, par Hasselquist. *Paris,* 1769. 2 tom. en 1. vol. in-12. *d. r.*

691. Mémoire sur les tribus arabes des déserts de l'Afrique, par Dubois-Aymé. in-fol. *b.*

692. Voyage en Barbarie, par Poiret. *Paris,* 1789. 2 vol. in-8. *d. r.*

693. Voyage à la côte occidentale d'Afrique, par Grandpré. *Paris,* 1801. 2 vol. in-8. *d. r.*

694. Histoire de Madagascar, par Flacourt. *Paris,* 1661. in-4.

695. Voyage à la Nouvelle-Guinée, par Sonnerat. *Paris,* 1776. in-4. *d. r.*

696. Osbeck : Reise nach Ostendien und China. *Rostock*, 1765. in-8. *d. r.*

697. Voyage aux Indes orientales, à la Chine, par Sonnerat. *Paris*, 1782. 2 vol. in-4. *d. r.*

698. Voyages de Thunberg au Japon. *Paris*, an IV. 2 vol. in-4.

699. Voyages de Thunberg au Japon. *Paris*, 1796. 4 vol. in-8. *b.*

700. Voyage aux îles de Ténérife, la Trinité, par Ledru. *Paris*, 1810. 2 vol. in-8. *d. r.*

701. Relation du Voyage à la mer du Sud, par Frezier. *Paris*, 1716. in-4.

702. Histoire physique des Antilles françaises, par Moreau de Jonnès. *Paris*, 1822. in-8. *b.*

703. Voyage à la Martinique, par Chanvallon. *Paris*, 1763. in-4. *d. r.*

704. Tableau du climat et du sol de l'Amérique, par Volney. *Paris*, 1803. 2 vol. in-8. *d. r.*

705. Relation du Voyage fait à la recherche de La Peyrouse, par La Billardière. *Paris*, an VIII. 2 vol. in-4. et atlas. *c.*

706. Voyage de Philipp à Botany-Bay. *Paris*, 1791. in-8. *d. r.*

707. Essai sur les monumens typographiques de Guttemberg, par Fischer. *Mayence.* an X. in-4. *b.*

708. Académie des sciences, 1777 à 1788-1790.—Savans étrangers. Tom. 9, 10, 11. 17 vol. in 4. *c.* et *d. r.*

709. Mémoires de l'Institut, Sciences, mathématiques et physiques. *Paris.* an VI. 6 vol. — 1806 à 1815, 12 vol. (Manque 1806, prem. sémest.) — Savans étrangers, 1816. 2 vol. — Académie des sciences, 1816 à 1829, 8 vol. — Savans étrangers, 1827, tom. 1. 27 vol. in-4. *c.* — Base du système métrique, 3 vol. in-4.

710. Mémoires de l'Institut. Sciences morales et politiques. *Paris*, an VI, 5 vol. — Classe d'histoire et de littérature ancienne. *Paris*, 1815. 2 vol.—Académie des inscriptions et belles-lettres. *Paris*, 1821, tom. 5, 6, 7, 8. in-4. *c.*

711. Notice des manuscrits publiés par l'Institut. *Paris*, 1827. in-4. *c.* Tom. 5 à 11.

712. Mémoires de l'Institut. Littérature et beaux-arts. *Paris*, an VI, 5 vol. in-4. *c.*

713. Rapport sur les progrès des sciences naturelles et mathématiques, par Delambre et Cuvier. 1810. — de la littérature an-

cienne, par Dacier. — du jury sur les prix décennaux, 1810.
— Rapports et discussions de toutes les classes de l'Institut sur
les prix décennaux. 1810. 3 vol. in-4. *d. r.*

714. Rapport des travaux de la Société philomathique. *Paris*,
4 vol. in-8. *d. r.*

715. Bulletin de la Société philomathique, 1793-1795. 3 vol.—Nou-
veau bulletin, 1807. 5 vol. in-4. *d. r.*

716. Actes de la Société d'histoire naturelle de Paris. *Paris*, 1791.
in-fol. *c.* Deux exemp.

717. Bulletin polymathique du Muséum d'histoire naturelle de Bor-
deaux. *Bordeaux*, 1802. 6 vol. in-8. *d. r.*

718. Mémoires de la Société linnéenne du Calvados. *Caen*, 1824.
in-8. *b.*

719. Ephemerides Societatis meteorologicæ Palatinæ. *Manhemii*,
1783. 6 vol. in-4. *d. r.*

720. Mémoires de l'Académie impériale de Turin. Sciences, mathé-
matiques et littérature. *Turin*, an XII. — 1809-1810.
4 vol. in-4. *b.*

721. Annales de l'Observatoire de l'académie de Turin. 1809-1810-
1811. *Turin.* 4 vol. in-4. *b.*

722. Memorias da academia real das sciencias. 1780-1788. *Lisboa*,
1797. in-4. *b.*

723. Recherches asiatiques, trad. par La Baume. *Paris*, 1805.
2 vol. in-4. *d. r.*

724. Linnée : amœnitates academicæ. *Erlangæ*, 1787. 10 vol.
in 8. *d. r.*

725. Dissertationes academicæ. — Musæum naturalium academiæ
Upsaliensis. — Flora Strengnesensis, sub præsidio Thunberg.
Upsaliæ, 7 vol. in-4. *d. r.*

726. Dissertationes academicæ, à Thunberg. *Gottin.*, 1799. 3 vol.
in-8. *d. r.*

727. Mémoires sur différens sujets. *Paris*, 1807. in-8. *b.*

728. Annales des sciences naturelles, par MM. Audouin, Ad.
Brongniart et Dumas, années 1824 et 1825. 24 cahiers in-8. et
20 atlas in-4.

729. Das national museum der naturgeschichte zu Paris, von
Fischer. *Francf.*, 1802. 2 vol. in-8.

730. Histoire et description du Muséum d'histoire naturelle, par
Deleuze. *Paris*, 1823. 2 vol. in-8. *b.*

3.

731. Musæum Kircherianum, aut. Bonanno. *Romæ*, 1719. in-fol. *d. r.*

732. Grew's Catalogue of the natural and artificial rarities belonging to the royal society. *London*, 1681. in-fol.

733. Rariora musæi Besleriani, cur. Lochnero, 1716. in-fol.

734. Catalogue des curiosités du cabinet Davila. *Paris*, 1767. 3 vol. in 8. *d. r.*

735. Catalogue systématique et raisonné (coquilles,) 1784. — De Montribloud, 1784. in-8.

736. Musæum Geversianum, 1787. in-8.

737. Catalogus bibliothecæ historico-naturalis J. Banks, aut. Dryander, *Lond.*, 1798. 5 vol. in-8. *c.*

738. Bibliotheca Panzeri. *Norimb.* 1806. 2 vol. in-8. *b.*

739. Collection d'opuscules et notice biographique, par Sylvestre. *Paris*, an IX. in-8. *d. r.*

OUVRAGES DE M. DE LAMARCK.

Système des animaux sans vertèbres. in-8.

175. Tom. 6, 1re. partie, dont 65 *brochés.*
241. Tom. 6, 2e. partie, dont 73 *brochés.*
250. Tom. 7. *Id.*

300. Système des connaissances positives. in-8., dont 90 ex. *brochés.*

524. Philosophie zoologique. 2 vol. in-8. , dont 24 ex. *brochés.*
N. B. Ces ouvrages sont en feuilles.

PARIS. — IMPRIMERIE ET FONDERIE DE FAIN, RUE RACINE, N°. 4.

www.ingramcontent.com/pod-product-compliance
Lightning Source LLC
LaVergne TN
LVHW011408170726
843501LV00006B/2076